# DISCOURS

PRONONCÉ

# A LA CÉRÉMONIE DU MARIAGE

DE M. JOSEPH DE BAYE

AVEC

Mlle MARIE OPPENHEIM,

LE 8 SEPTEMBRE 1877, DANS LA CHAPELLE DU CHATEAU DE BRIMBORION

PAR

Mgr MEIGNAN, ÉVÊQUE DE CHALONS.



CHALONS-SUR-MARNE

IMPRIMERIE T. MARTIN, PLACE DU MARCHÉ-AU-BLÉ, 50.

1877

# DISCOURS

PRONONCÉ

## A LA CÉRÉMONIE DU MARIAGE

DE M. JOSEPH DE BAYE

AVEC

Mlle MARIE OPPENHEIM,

LE 8 SEPTEMBRE 1877, DANS LA CHAPELLE DU CHATEAU DE BRINBORION

PAR

Mgr MEIGNAN, ÉVÊQUE DE CHALONS.

MONSIEUR ET MADEMOISELLE,

En venant ici, suivant vos désirs, consacrer votre union matrimoniale, j'accomplis un ministère plein de douceur et de consolation. Ce m'est une occasion solennelle de donner à l'une des nobles et chrétiennes familles de la Champagne le témoignage de ma singulière estime pour des vertus et des exemples d'autant plus méritoires qu'ils sont plus rares aujourd'hui. Je vais bénir un mariage auquel applaudissent tous ceux qui en connaissent les heureuses conditions, cimenter l'alliance de deux familles bien faites pour s'unir et s'apprécier, unir deux âmes qui s'estiment et se donnent l'une à l'autre au sein d'une affection toute chrétienne.

Dans un siècle où l'idée religieuse s'affaiblit, où ce qui est matière, richesse, frivolité, se substitue de plus en plus à ce qui est vertu, principes et morale, c'est presque une rareté qu'un mariage entièrement chrétien.

On oublie, hélas! que nécessaire au jeune homme, à la jeune fille, pour préserver le printemps de la vie, la religion ne l'est pas moins aux chefs de famille. Où trouver sans elle cependant un moyen capable d'assurer la dignité, le bonheur des époux et la bonne éducation des enfants!

Bien comprise et bien pratiquée, elle

imprime un caractère général d'honorabilité et de véritable distinction à tous les actes de la vie : elle est l'honneur des familles qui en font leur première loi.

Il est très-vrai que pour garder, de nos jours, des croyances religieuses, il faut du caractère, aimer la réflexion et la vertu. Il ne faut être vulgaire ni dans ses goûts, ni dans ses mœurs. Ne considérât-on que cette heureuse nécessité, ce serait déjà quelque chose : car n'est-ce rien que d'échapper à cette banalité et à cette faiblesse morale qui laisse l'homme dépourvu de toute croyance, de toutes convictions élevées ? Ne rien croire en religion, n'est-ce pas là ce que l'on peut imaginer de plus tristement vulgaire ? Il suffit à cela de ne rien étudier sérieusement et d'ouvrir ses oreilles aux sots propos, et son cœur aux aveugles passions.

La première et la meilleure de toutes les distinctions, ai-je besoin de le dire ? est celle de la vertu. Elle donne au caractère la fermeté, aux paroles, aux actes, à la vie l'autorité, au cœur une bonté généreuse, aux sentiments une délicatesse incomparable, à l'homme tout entier, je ne sais quoi de complet et d'achevé, qui, même dans un siècle corrompu, recommande et fait une place à part dans l'estime des gens de bien. On dira tout ce qu'on voudra de la religion : on se permettra de calomnier ses dogmes, on insultera ses ministres, on se révoltera contre ses salutaires influences; mais, malgré tout cela, on accordera la plus profonde estime à celui qui aura constamment respecté, aimé, pratiqué le culte de Dieu et de sa justice. A certains moments de crise, quand les mauvaises passions soufflent comme un vent d'orage, ébranlent l'ordre moral, jusqu'à menacer de déraciner le bon sens, on peut méconnaître l'incontestable supériorité de l'homme religieux. Mais, lorsque le calme revient (et il revient toujours après la tempête), le vrai chrétien apparaît ce qu'il est réellement, le citoyen, le père de famille type et modèle. Le respect, la considération lui seront rendus d'autant plus vite et d'autant mieux qu'il se sera montré plus constant et plus fidèle à lui-même. A cet égard, l'antiquité païenne elle-même, si j'osais l'invoquer ici, me fournirait des exemples. Dans ses odes immortelles, le favori de Mécène et d'Auguste faisait applaudir, par un siècle corrompu, les vers où il célébrait la religion, les saintes croyances et les mœurs austères des ancêtres.

Je n'ai pas besoin d'insister, jeunes époux, pour vous faire comprendre tout ce qu'il y a de vrai dans mes paroles. Vous avez vu se réaliser si près de vous le phénomène que je signale ! Vous n'avez point à aller chercher ailleurs que dans vos propres familles la preuve de tout ce que je viens de dire. Les vieilles races, les hommes aux saintes et antiques croyances, je les compare, dans une société qui s'ébranle, à ces fortes assises, à ces pierres angulaires qui soutiennent des murs chancelants, en constituent l'honneur et la résistance.

Vous même, Monsieur, dans votre vie

d'adolescent et de jeune homme, vous avez dû à la religion votre plus bel honneur. La religion que vous ont fait aimer un père et une mère admirablement chrétiens, a sauvé vos jeunes années de la mollesse et de l'oisiveté qui mettent en ce moment en péril l'héritage d'honneur de plus d'une noble famille. C'est la religion qui vous a arraché à des plaisirs, à des distractions qui énervent l'esprit et ravagent le cœur, qui vous a inspiré le goût des fortes études et des mâles travaux. Tandis que tant de jeunes gens de votre âge mettent toutes les ressources de leur fortune et dissipent les trésors de leur âme, au service de vanités qui ne laissent que le vide et l'amertume après elles, vous, vous vous êtes livré, avec suite et vigueur d'esprit, dans la liberté de votre cœur, à des études fécondes; et, laissant à d'autres, de tout point moins bien inspirés, chevaux, paris et jeux, pour ne parler que de cela, vous vous êtes appliqué à recueillir les faits et les observations d'une science naissante, mais pleine d'avenir. Vous faisiez plus encore : vous alliez chercher dans les entrailles de la terre, poussé par une noble curiosité, les vestiges et les restes des premiers hommes. Vous parcouriez une partie de l'Europe ; et, dans un âge où c'est un honneur pour le jeune archéologue d'avoir quelques tiroirs illustrés par de rares médailles des temps passés, vous avez créé un musée où, de Paris et des autres chefs-lieux de la science, vous avez vu accourir les illustrations modernes, étonnées de rencontrer à Baye ce qu'on ne trouverait dans aucun musée de province, soit en France, soit à l'étranger.

Et vous, mademoiselle, dans votre vie de jeune fille, vous avez reçu aussi de la religion vos meilleures inspirations. Sans doute, votre sexe et votre modestie renfermaient votre activité dans un champ beaucoup moins étendu, beaucoup plus silencieux, où ne vous suivaient que les regards de Dieu et de votre pieuse mère. Mais le secret de votre vie vous a été parfois dérobé, et, dussiez-vous trouver quelque indiscrétion dans mes paroles, j'en accepte la responsabilité pour l'honneur de Dieu et l'exemple des autres. D'ailleurs, dans ce que je pourrais dire, tout ne vous appartiendrait pas. Une large part de mérites est dévolue à vos parents qui, en toutes choses, ont placé les intérêts de la conscience au-dessus des considérations humaines. Votre père fut un homme de bien, d'honneur et de conscience. Je dois en ce grand jour invoquer ce souvenir, puisque la présence de ce père chéri vous fait aujourd'hui si cruellement défaut. Votre mère s'est imposé l'obligation de vous former à toutes les vertus de la jeune fille, et non-seulement elle vous a enseigné la vertu par ses leçons, elle vous en a dans sa vie découvert le modèle. Vous vous souviendrez longtemps de la maîtresse de maison, de la mère de famille que vous avez vue constamment à l'œuvre, plaçant le soin et l'éducation de ses enfants au-dessus de toutes les satisfactions du monde, ne fuyant sans doute ni la société ni ses délassements permis, mais n'en aimant non plus ni le bruit ni la frivolité. Vous avez appris auprès d'une mère comment on peut s'accorder ce qui convient au rang et à la fortune, sans oublier ce que l'on doit à Dieu Il est permis d'habiter une maison embellie par le goût et les arts, lorsqu'on a contribué à Paris, par ses largesses, à la décoration des chapelles de la paroisse, et quand, au milieu des ombrages et des grâces profanes d'une villa, on a construit un pieux sanctuaire pour y trouver Dieu aux heures du recueillement et des épreuves.

J'aurais trop à dire si je parlais des œuvres de charité. Vous souvenez-vous, mademoiselle, d'un séjour à Rouen, pendant lequel une très-généreuse dame aimait à rassembler les enfants pauvres pour leur distribuer de la nourriture et des vêtements ? Ici même, à Brinborion, on peut citer ce nom qui a désormais sa place dans l'histoire locale de la charité, un patronage entier d'orphelines est venu se récréer et se reposer sur les vertes pelouses. Encouragée par sa mère, une jeune fille, accompagnée de ses sœurs, se faisait un plaisir incomparable de servir les pauvres enfants abandonnées.

Monsieur, votre fiancée, qui aime les œuvres de charité, a aimé aussi l'étude; et la Providence, qui vous la destinait, lui donna de bonne heure vos goûts : ses succès dans des examens qui ne lui étaient point nécessaires ont montré en elle l'alliance féconde de la piété active et des fortes études.

Ne démentez jamais ni l'un ni l'autre, jeunes époux, les heureux commencements de votre vie. S'il importe de bien commencer, il importe plus encore de persévérer afin de bien finir. Celui qui persévérera jusqu'à la fin, nous dit la Sainte-Ecriture, voilà le seul qui sera sauvé : *qui perseveravit usque ad finem hic salvus erit*. Ayez toujours présentes à l'esprit vos destinées éternelles. Si charmante que vous paraisse aujourd'hui la vie, jeunes époux, n'oubliez pas que le bonheur présent n'est qu'un songe que dissipera le réveil.

Aux devoirs anciens, vous le comprenez, s'ajoutent aujourd'hui des devoirs nouveaux. Epoux, aimez votre épouse comme Jésus-Christ a aimé son Eglise ; et, à votre tour, épouse, aimez le soutien, le compagnon de votre vie, comme l'Eglise aime Jésus-Christ. Réalisez cette parole de la Sainte Ecriture : *Erunt duo in carne una* ; ils seront deux, mais ils ne feront qu'un.

Mettez en commun vos joies et vos peines, vos délassements et vos travaux. Evitez cette erreur des modernes ménages qui consiste à diviser en deux ce que Dieu a intimement uni : car, trop souvent aujourd'hui, le mari a des affaires et des délassements entièrement étrangers à la compagne de sa vie, et de son côté, la femme se fait de ses occupations et de ses distractions une vie à part où elle prétend se mouvoir dans une complète indépendance. Ces partages et ces exclusions mutuelles tendent, hélas ! à se multiplier au point de créer deux habitations sous le même toit, deux intérêts au sein d'une vie commune.

Rien de moins conforme à l'idée chrétienne du mariage. Et puisque vos cœurs battent aujourd'hui d'un même amour, promettez-vous au pied des autels de délibérer ensemble sur tous vos intérêts, de mettre en commun les affaires, les distractions, principalement la prière, et dans une sage limite, les études elles-mêmes.

Bientôt, nous l'espérons, la paternité, la maternité vous imposeront d'autres devoirs dont l'accomplissement vous unira encore plus étroitement. Là, surtout, ce n'est point trop des soins vigilants et continuels du père et de la mère, pour élever les enfants et veiller à la grande affaire de l'éducation chrétienne.

C'est dans la vie de famille, et non dans la vie mondaine, c'est dans l'exact accomplissement des obligations mutuelles des époux que leur tendresse réciproque se conserve et se fortifie sous le regard de Dieu.

Ah ! si le jour des épreuves et des douleurs arrive pour vous (et il arrivera, hélas ! il arrive pour tous), qu'il vous trouve chrétiennement unis. Puisse la religion vous prêter toute sa force ! Puisse Dieu vous donner le courage tranquille qui soutient le choc des épreuves de la vie.

Soyez comme deux arbres que Dieu a fait naître ensemble et sur le même sol. L'orage déracinerait peut-être l'arbre qui croît solitaire au milieu du désert, mais il n'ébranlera pas ces vigoureux arbrisseaux qui, sous l'œil de Dieu, résistent ensemble, entrelaçant leurs racines, mêlant leurs ombrages et leurs rameaux.

Que Dieu donc daigne répandre par nos mains ses plus abondantes bénédictions sur ces deux jeunes époux ! Que la Vierge Marie, dont ils ont choisi une fête pour en faire le jour de leur mariage (la fête de la Nativité, aimée des âmes pieuses), que Marie, Reine du ciel, obtienne pour eux les prospérités d'ici-bas et les faveurs d'en haut !

La main du Saint-Père, dont, nous le savons, les époux ont demandé la bénédiction, s'étend au-dessus de la nôtre en ce moment sur la tête des époux : qu'elle soit pour eux la distributrice des plus larges bénédictions et le gage de divines et perpétuelles protections !

C'est-là l'objet des vœux émus de toute cette assemblée, ce sera aussi l'objet des ardentes prières qui vont s'élever ici de tous les cœurs. Celui qui va monter au saint autel, par un sentiment de modestie trop grande sans doute, a voulu, malgré les droits que lui conférait son affection et sa proche parenté, comme se dérober ici derrière son Evêque. Il n'y réussira pas. Il est des vertus dont la modestie rehausse le mérite. Votre oncle va tout à l'heure offrir à Dieu, sur l'autel, vos serments, jeunes époux, et demander au Seigneur que vous y soyez fidèles. Quelles mains plus dévouées et plus dignes méritent mieux, après de nobles sacrifices et de grands dévouements présents à toutes les mémoires, déposer aux pieds du Seigneur les vœux et les prières de cette pieuse assemblée ?

Prêtre aimé de Dieu et des hommes, que

les cœurs s'élèvent avec le vôtre vers le ciel et vous suivent dans vos ardentes supplications : obtenez à votre famille une part des récompenses divines réservées à ceux qui consacrent si généreusement au Seigneur tout ce qu'ils ont et tout ce qu'ils sont !



Châlons, imp. T. Martin.

BIBLIOTHEQUE NATIONALE DE FRANCE
3 7502 01005458 5

www.ingramcontent.com/pod-product-compliance
Ingram Content Group UK Ltd.
Pitfield, Milton Keynes, MK11 3LW, UK
UKHW020228200726
13856UKWH00004B/1648

9 782011 924315